武林秘传擒拿手

徐潇 著

北京体育大学出版社

策划编辑：吴海燕
责任编辑：王泓滢
责任校对：吴海燕
版式设计：高文函

图书在版编目（CIP）数据

武林秘传擒拿手 / 徐潇著 . -- 北京：北京体育大
学出版社，2023.2
　ISBN 978-7-5644-3737-4

　Ⅰ . ①武… Ⅱ . ①徐… Ⅲ . ①擒拿方法（体育）—
基本知识 Ⅳ . ① G852.4

　中国版本图书馆 CIP 数据核字 (2022) 第 179711 号

武林秘传擒拿手
WULIN MICHUAN QINNASHOU
徐潇　著

出版发行：　北京体育大学出版社
地　　址：　北京市海淀区农大南路 1 号院 2 号楼 2 层办公 B-212
邮　　编：　100084
网　　址：　http: //cbs.bsu.edu.cn
发 行 部：　010-62989320
邮 购 部：　北京体育大学出版社读者服务部 010-62989432
印　　刷：　三河市龙大印装有限公司
开　　本：　710mm × 1000mm　　1/16
成品尺寸：　170mm × 240mm
印　　张：　15
字　　数：　216 千字
版　　次：　2023 年 2 月第 1 版
印　　次：　2023 年 2 月第 1 次印刷
定　　价：　45.00 元

作者简介

　　徐潇，自幼习武，先后跟随吕志德、陈建中等师父，习练形意拳、心意六合拳、三和太极拳等传统武术，在河南省及全国比赛中多次获奖。硕士研究生，现任郑州大学体育学院武术系专职老师，承担武术专项、武术普修、心意六合拳等课程教学工作。

目　录

第一章　古传地煞擒拿手（72手）

第二章　武当秘传擒拿手（25手）

第三章　唐门秘传擒拿手（42手）

第四章　达摩南派解脱手（16手）

第一章
古传地煞擒拿手
（72手）

笔者自幼习武，喜欢擒拿，后幸有缘，得一抄本——《分筋错骨地煞手》，共有72手，非常喜欢，自行揣摩，受益匪浅。今即参考古谱，结合自己所学，整理出来，献于同道。不当之处，请多指正。

所谓擒拿手，主要是以叼、抓、锁、扣、缠、拧、绕、捋、挤、提、按、压、砸、别等手法，配合踢打诸技，在交手时专门攻击敌方关节。轻可致敌手脚难动，关节疼痛；重可致敌筋滚骨折，软瘫昏晕。它是一门理法独特的技击术。人在互斗时，三拳两脚，辄即扭为一团。此法练熟以后，遇此正可发挥其效用。

擒拿手，也称"分筋手""错骨手""黏拿手""擒伏手"等，名异实同。旧称"七星手""天罡手""地煞手"等，主要指其招法数量，同时又是一种比喻。地煞手即说明此擒拿招法厉害，令敌胆寒，共72手。这是传统的惯用称呼，非关迷信，读者明辨，关键是实际的技术与应用。练至得心应手，自能自卫防身，自能克敌制胜。

要想手到擒来，一要掌握好技法，锻炼出功力，每日锻炼，务要使体软如绵，刚柔并济，养成一种弸弹性柔中带刚之体；非下切实功夫，非官止神行、胆大心细不为功；须兼练点、摔、打，四种合而为一，即为上乘功夫。二是下手擒拿时，务要将素日苦功练习，所养成之胆、劲、功、艺，发挥出来，益以冷疾、脆快之劲，方能制胜；在必要时，可以点拿摔打，并驾齐驱，即遇千斤力士，亦可操必胜之券。

正压折腕

【用法分解】

1. 与敌方相遇，敌方右手突然伸出，向我方迎头抓来，意欲抓发擒拿。（图1-1）

2. 我方两手急速将其抓来之手扣紧，用劲后拉，将其右臂拉直，上体与头同时后仰。（图1-2）

❯ 图1-1

❯ 图1-2

3. 随即，我方两脚后滑猛劲向前俯身，头与手一齐用劲，向下拉压，将其制伏。（图1-3）

⚡图1-3

侧压断腕

【用法分解】

1. 敌方右手伸来，抓住我方头发。（图1-4）

⚡图1-4

2. 我方即以右手扣抓其右腕，以左手托抓其右前臂；同时，头部向左稍偏，带拉其右臂，使其右手失力。（图1-5）

3. 随即，我方两手抓紧向右缠拧，右脚稍进；同时，头部向右沉压，冷疾脆快，将其制伏。（图1-6）

图1-5

图1-6

上托断肘

【用法分解】

1. 敌方由我方身后以其右手将我方头发抓住。（图1-7）

2. 我方速以右手抓其右手，不得让其发力撕拽；同时，身体向左后转，两脚随之摆步，顺势以左手由下向上托其肘尖。（图1-8）

⊗ 图1-7

⊗ 图1-8

3. 动作不停，我方身体上起，头向右仰，左手冷疾上托，致其脚踮身挺，将其制伏。（图1-9）

《 图1-9

端灯

【用法分解】

1. 敌方突出左手，欲抓我方胸襟。我方出左掌拍压敌方左上臂，阻截其手来抓。（图1-10）

》图1-10

2. 随即，我方左手顺势抓按敌方头发；同时，用右手拇指、食指捏住敌方左耳垂，以中指插向其左腮后麻筋处，用劲向里上挑。（图1-11）

3. 动作不停，我方左手也同右手一样手法，捏其右耳垂、插其右腮后麻筋处。两手左右一齐用劲，使其神经麻木。（图1-12）

⊗ 图1-11

⊗ 图1-12　　　　　　　　　　　　⊗ 图1-12附图

五

抓脸

【用法分解】

1. 敌方出右手向我方腹部抓来。我方速以左手将其右手扣住，顺势向怀内一带，身体微向后撤，胸向下缩。（图1-13）

2. 随即，以右掌对准其曲池穴或上臂麻筋，用冷劲一砍，使其疼痛失力。（图1-14）

❯❯图1-13

❮❮图1-14

3. 突以右手反上，以拇指搭其鼻梁骨之右，其余四指扣入其左耳下麻筋，用劲向里抓紧，致其神经麻木，不能动转，手脚难举。此势要出手精确，冷疾脆快。（图1-15）

⚡ 图1-15　　　　　　　　　　　⚡ 图1-15附图

摘盔

【用法分解】

1. 敌方以右拳击打我方脸部。我方起右手挑格敌方右腕外侧，向外化劲。（图1-16）

2. 随即，我方右掌拦推其右臂；同时，左手前伸，抓住敌方脑后头发。（图1-17）

3. 动作不停，我方右手随即按住其右下颌，向外、向上推；以左手抓发向里、向下拉，两手旋劲，将其制伏。（图1-18）

六

图1-16

图1-17

图1-18

背肘

【用法分解】

1. 敌方乘我方不备，从我方身后用其左手抓我方脑后头发。我方乘其全劲未发之际（要快，慢则难以解脱，且易被敌发力所伤），速把左手后伸，将其左手扣拿，紧紧按住。随即，头猛然向右扭转，致其腕疼失力。（图1-19）

2. 动作不停，我方右手后伸，也去抓按敌方左手，两手合力向前、向下猛劲拉拽；同时，背脊顶扛其左肘，头向下低，上身下弯，臀部上翘，冷疾脆快，将其制伏。（图1-20）

⚠ 图1-19

⚠ 图1-20

捕鼠

【用法分解】

1. 敌方以两手从正面向我方腰部抓来或打来。我方速以两手抓挒其两手，就其来势，顺势向外一分，使其身体前俯。（图1-21）

2. 敌方借势以头向我方心窝顶击而来。（图1-22）

⚛ 图1-21

⚛ 图1-22

3. 我方迅疾松开两手，向前堵住其两腮，同时以两手指尖扣入其两耳下麻筋处，致其攻击受阻，疼痛失力。（图1-23）

《 图1-23

按头伤颈

【用法分解】

1. 敌方出右手迎面一拳打来。我方身体向右一闪。
（图1-24）

九

《 图1-24

2. 随即，我方速以左手拨挡敌方右臂，顺势缠劲夹抱，不让其逃；同时，左脚进步，绊其右腿，身体前靠，以右手由其颌下向上、向前推。可致其下巴疼痛，身体后倒。（图1-25）

3. 动作不停，如敌方用力抵抗，或欲向左转颈逃脱，我方左手则由其脑后抓扣其嘴部，顺势向后、向上勒扒；右手推托其下巴右侧助劲。两手一齐用劲，冷疾脆快，猛然旋拧，令其难逃。（图1-26）

❮ 图1-25

❯ 图1-26

按天鼓

【用法分解】

1. 敌方右脚进步，右拳击打我方头面。我方向左闪身，避过其拳。（图1-27）

2. 动作不停，我方两脚连续进步，从其右侧绕至其背后，乘机以两手由其两腋下方向前上插，右手搭于其头左后部，左手抓住自己右腕，合势助劲。右手用劲向前下按，两臂上提，其颈必痛不可忍，头昏无力，因而就擒。（图1-28）

⬆ 图1-27

⏩ 图1-28

3. 敌方向前倒地，欲滚身逃脱时，我方切不可松手，可随之左脚进步，右腿跪地用劲，右掌前按，左臂搂挎，致其颈部不能动转。（图1-29）

△ 图1-29

捏嗉

【用法分解】

1. 敌方右脚顺步，冲出右拳，向我方迎面打来。我方急起右掌，拦切其右臂，向左一拨。（图1-30）

2. 随即，我方左脚向前上步，绊住敌方右脚；同时，身体前靠，以左手过其背后搂抓敌方左肩，向我方怀内带拉，不让其逃；以右手拇指、食指，捏其食管，用劲一收，将其制伏。（图1-31）

3. 上为爪法，也可用指。我方右拳虚握，中指突出，顶住其嗓子高骨，将其制伏。（图1-32）

图1-30

图1-31

图1-32

前挟膊

【用法分解】

1. 敌方见机用头向我方当胸撞来。我方两手张开，向左一闪，腹部后缩，让其撞空。（图1-33）

2. 我方随势左步向前一进，腰向下弯；以右前臂由上向下缠夹其咽喉，以左前臂夹其左颈动脉，右手绕至其右颈动脉处。再以左手抓住自己右腕，两手用劲夹紧端起，腰向上挺，上身后仰，可将其制伏，但读者切不可轻易试用此法。（图1-34）

3. 如果敌方疯狂抵抗，用力过猛，将我方顶倒。我方切不可松手，可就势倒地，即以两腿夹住其腰，用劲下别，腹部上挺，令其难逃。（图1-35）

图1-33

❀图1-34

❀图1-35

十三

后挟膊

【用法分解】

1. 敌我对峙。（图1-36）

2. 我方乘其不防，两腿绕步，进其身后；同时，左臂屈肘，勒住敌方咽喉，向后收紧。（图1-37）

❖ 图1-36

❖ 图1-37

3. 随即，右臂前伸，右掌按住其脑后，向前推按；同时，以左手去抓自己右上臂相助，左臂向里用劲，将其制伏。（图1-38）

<< 图1-38

前锁喉

十四

【用法分解】

1. 敌我搏斗之际，我方两掌双推，致其后躺。（图1-39）

^ 图1-39

2. 随即，我方乘机跃其身上，两腿跨夹其腰；同时，两手十字交叉，插于其颈部两侧。（图1-40）

3. 动作不停，我方两手用力向里收拢，向前推挤，如剪钳一般，将其制伏。（图1-41）

⊗ 图1-40

⊗ 图1-41

后锁喉

十五

【用法分解】

1. 敌方右掌扑我脸部，右脚踢我前胫。我方急速收步，沉身避之。（图1-42）

2. 随即，我方向左绕步，至敌方右边；同时，以右手抓拽敌方右臂；左掌向前切割其咽喉，致其受迫失力，无法反抗。（图1-43）

图1-42

图1-43

3. 动作不停，我方右手前伸，由自己左臂底下向后，抓扒其右肩后方，两手十字交叉，用劲向里收拢，致其仰身后倒。（图1-44）

⚡图1-44

十六

别手封喉

【用法分解】

1. 我方抢机擒拿，先以右手抓住敌方前领衣。（图1-45）

2. 随即，我方左脚进步，绕至其身后；同时，以左臂由其左腋下方向前上兜起。（图1-46）

3. 动作不停，我方继续上兜，左手向里反插，攀住其脑后，左臂用劲上别，使敌方左臂上伸，反搭于我方左肩，难以动弹；同时，右手勒拉，左手按压，将其制伏。（图1-47）

❯ 图1-45

❯ 图1-46

❯ 图1-47

勒颈断臂

【用法分解】

1. 临敌之时，我方在其身后，捞住敌方两小腿，辅以肩向前拱或头向前顶，使之前扑而跌。（图1-48）

2. 随即，我方就势猛扑其身上，胸部伏压其背部；右手由其右腋下方向左插绕其臂，按住其头右后部，右肘夹住其右臂；左手扒住其左肩，用劲向右后勒。（图1-49）

⊗ 图1-48

⊗ 图1-49

3. 动作不停，身体上起，头向后仰，腿向前伸，右肩下压，右肘上绷，右手推按，左手封锁，致其不能动弹，束手就擒。（图1-50）

⮝ 图1-50

交颈

【用法分解】

1. 临敌之际，我方猛将敌方摔得仰卧倒地。（图1-51）

十八

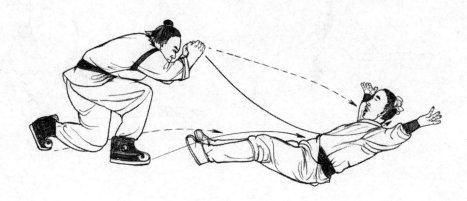

⮝ 图1-51

2. 随即，我方速以旱鸭浮水势扑至敌方右肋，右手贴其左颈向后夹搂；左手将其右臂掀起，向外拨送，同时去抓自己右手；身向右挤，头向下钻，顶住其右上臂，使其臂直失力。（图1-52）

3. 动作不停，我方左手抓握自己右手，协助右肘向里勒夹，合劲致其臂疼脖僵。（图1-53）

⊗ 图1-52

⊗ 图1-53　　　　　　　　　　⊗ 图1-53附图

蹈肩卸臂

【用法分解】

1. 敌方走在前面，我方欲将其擒拿。（图1-54）

2. 我方从敌左侧赶上，左手扑抓其左手，用劲抓紧，向上拧转。（图1-55）

十九

◀ 图1-54

》 图1-55

3. 随即，我方右手辅助左手，也顺势锁扣其左手，两手扣紧后拽，不得让其手臂弯曲，更不能让其抽手逃走。（图1-56）

4. 动作不停，两手猛然向前上方冷劲抖折，致其腕骨剧痛，迫其前仆跪地。（图1-57）

◀ 图1-56

▶ 图1-57

5. 动作不停，我方速以右脚踏其左腋下方，向前下方用劲，致其伏地难动；同时，右手拧旋，左手擒臂，合势助力。（图1-58）

6. 最后，再以两手向前推送，将其左臂推于其背上；以右脚移踏其左上臂，用劲斜踩，蹬住不放，此时即使我方松手，其左侧手脚也动弹不得。（图1-59）

也可用右膝跪压，更易近身捆绑。

如欲捆绑，我方即腾出两手，取绳子或腰带或鞋带，将敌方双腕系紧。

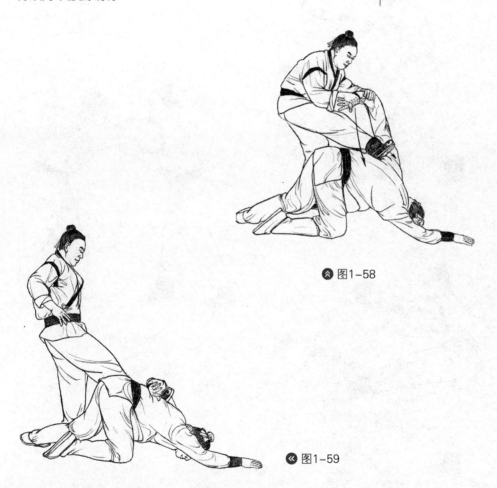

◈ 图1-58

≪ 图1-59

扣肘

【用法分解】

1. 敌方用左手抓住我方右肩，进行挑衅。（图1-60）

2. 我方即以两手由上而下抓按其左肘，后拉下压，右肩上顶助劲，使其左臂不能翻转，不得脱离。（图1-61）

3. 随即，我方急速提起右脚，猛劲向前蹬其左胯。手脚一齐用劲，将其制伏。（图1-62）

❰ 图1-60

❰ 图1-61

❰ 图1-62

抓肩

【用法分解】

1. 敌方突出左手，两腿呈拗步或顺步之势，扑抓我方右肩。我方速以左手按住其左手，用劲压紧；同时身向后缩，将其左臂带直。（图1-63）

2. 随即，我方右肩突然向前一送，再令其左臂弯曲。如此一带一送，使其左臂一直一屈，顿时失力无措。（图1-64）

❖ 图1-63

❖ 图1-64

3. 动作不停，我方右臂乘机上弯，右肘由右向左、向下、向后用转环劲，勾压其左肘，身体随之左转；务要按紧其左手，切勿放松，可致其左腕疼痛，右手伏地，两膝跪地，无法抵抗。（图1-65）

◀ 图1-65

二十二

抱肘

【用法分解】

1. 当敌方用右手抓住我方左肩时，我方速以两手抱按其右肘，欲伤其肘。敌方向上挺臂，以求解脱。（图1-66）

2. 我方见敌向上用力，右步立即前进一步，乘机以右手由其右腮侧向后插绕，抓其脑后，用劲向下按压，致其低头弯腰，左手伏地，右手被别，失势被动。（图1-67）

3. 动作不停，我方左臂迅速右伸，勾挎其右肘，右手顺势收回，抓住自己左腕助力。两手用劲抱紧，向上挺身，将其制伏。（图1-68）

⊗ 图1-66

⊗ 图1-67

⊗ 图1-68

别翅

【用法分解】

1. 当敌方用右手抓住我方左肩时，我方右手按压其右腕，准备擒拿。敌方察觉，抽手欲逃；我方即以左手黏住其右臂，以黏随法贴紧其臂，随黏随进，向前伸插。（图1-69）

2. 随即，我方以右手从其颈右侧穿过，下压其肩，置于左手之下，两手成交叉之势。紧接，两臂向下、向里按压，左肩上扛其右臂前顶助力，上体前俯，下体后撤，致其臂疼肩僵，前仆被擒。（图1-70）

3. 如欲使敌方肩折，我方即下俯拧身旋压，两臂大幅用力内收，左肩加力向外顶抗。此法普通人不得轻用。（图1-71）

⊗ 图1-69

⊗图1-70　　　　　　　　　⊗图1-71

挟臂脱肩

【用法分解】

1. 我方施用捞跟摔，两手抱拽敌方小腿，将其摔躺在地。（图1-72）

二十四

⊗图1-72

2. 随即，我方就势向前猛扑，骑其腹部，两膝跪地，夹其两肋，使其仰卧，不得反转；同时，两手交叉，抓拿其两腕。（图1-73）

3. 动作不停，我方将其两手向前、向下猛劲推按。（图1-74）

4. 继续，我方身体向前，反身一纵，进其头前；转过脸来，两手不放，保持控制。（图1-75）

5. 最后，我方将其两臂按于地上，两膝前移，夹其两臂，致其难动。此法比较细腻，要多加练习，方可手到擒来。（图1-76）

☆ 图1-73

☆ 图1-74

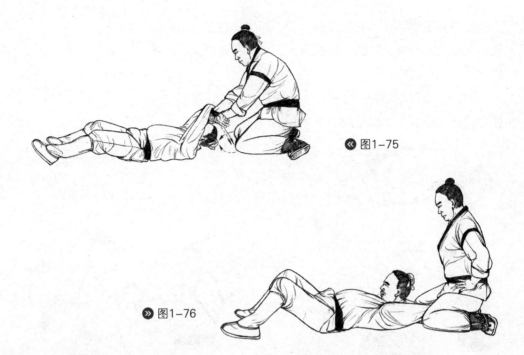

《 图1-75

》 图1-76

后托肘

【用法分解】

1. 我方在行走之间，敌方从我方身后突袭，将我方后衣领抓住（以敌出右手为例）。（图1-77）

二十五

《 图1-77

2. 我方不须回头，立即反伸右手，抓住其右手，用劲按住，上体向前一倾，右腿向前成弓步，将其右臂拉直，以备擒拿。（图1-78）

3. 我方速向左后转，左手由下向上托其肘尖，务要以冷脆之劲向上猛举，将其制伏。（图1-79）

❯ 图1-78

❯ 图1-79

二十六

拨肘

【用法分解】

1. 敌方从我方身后突然扑进，以右手抓住我方后背衣服。（图1-80）

2. 我方速以右手向后反伸，将其右手扣紧；同时，右脚前滑，右腿成弓步，稳住身体。（图1-81）

☆ 图1-80

☆ 图1-81

3. 随即，我方左臂向上弯曲，用左前臂横拨其肘尖，用劲上搓、前拨、下压；右手要抓紧敌方右手，切勿使其右手向下翻转；左腿横挡其腿部，用劲后挺，身体向右后转。以冷疾脆快之沉劲，将其制伏。（图1-82）

☆ 图1-82

二十七

转身断腕

【用法分解】

1. 敌方突然扑进，以右手将我方前领衣抓住。（图1-83）

2. 我方立即以右手抓其右手，用力扣紧；同时，左肘弯曲，向其右肘压去。（图1-84）

《 图1-83

《 图1-84

3. 我方左肘继续用力，将其右臂压贴于我方左肋；身体随即向右后转，胸向前挺，猛然下挫，将其制伏。（图1-85）

《图1-85

卧蹄

【用法分解】

1. 敌方突袭，以右手向我方前领衣抓来。我方速以右手扣住其来手，左手拦托其右前臂，扰散其劲。（图1-86）

《图1-86

2. 随即，我方左手后收，手指插入其手心，与右手一齐用劲后拉，向自己胸前按紧，两肘夹紧。（图1-87）

3. 我方上身右转前俯，胸部向下坠压，左肘夹紧其右臂，两手猛劲下折其右腕。（图1-88）

图1-87

图1-88

摧肘

【用法分解】

1. 敌方突伸右手，将我方前领衣抓住。我方头向后仰，速以右手将其右手扣紧，向后一拉，胸部前顶，控制其来劲。（图1-89）

2. 随即，我方身体猛向右转，左臂向上弯曲，左肘向下抖劲，摧压其肘尖，致其剧痛。（图1-90）

二十九

⚡ 图1-89

⚡ 图1-90

3. 如其仍能忍受，我方即把左腿提起，向前横蹬其软肋或大腿根，用劲绷挺；同时，顺势以左拳砸打其右肘，或以左臂向右截其右肘。（图1-91）

《 图1-91

三十

顶腕

【用法分解】

1. 敌方突伸右手，向我方胸部抓来。我方乘其来手将及未及之际，即以左手拦抓其右肘，紧扣不放。（图1-92）

2. 随即，我方以右掌外侧向其右腕猛切，使其右腕上弯，顺势抵在我方胸侧。（图1-93）

3. 动作不停，我方再以右手协助左手，抓其肘部上方，用劲向里勒拉，上体前俯，胸向前顶。冷劲勒顶，将其制伏。（图1-94）

⤊ 图1-92

⤊ 图1-93

⤊ 图1-94

接腕

【用法分解】

1. 敌方突伸右手，向我方胸部抓来。我方乘其来手将及未及之际，胸部向后一缩，左手托抓其右上臂。（图1-95）

2. 随即，我方右手向上挑抓，致其指尖向下，手腕弯曲，手背贴于我方胸前。（图1-96）

◆ 图1-95

◆ 图1-96

3.动作不停，我方两手一齐用力，以冷劲向怀内勒拉，胸向前挺。无论其右臂是弯是直，皆可控其手腕，但不得让其手腕上下或左右移动，以免影响效果。（图1-97）

图1-97

反托肘

【用法分解】

1.敌方突伸右手，向我方前领衣抓来。我方速以右手扣紧其来手。（图1-98）

三十二

图1-98

2. 随即，我方左手向其右肘猛力下压，务要将其右臂压弯；上体随之以转劲前俯，腹部后缩。（图1-99）

3. 动作不停，我方左手猛力摧托其肘尖，向右后拉；同时，左脚里扣，上体右转，冷然发劲，将其制伏。（图1-100）

◈ 图1-99

◈ 图1-100

前崩肘

【用法分解】

1. 敌方突伸右手，以阴手（手心向下）抓住我方腰带或腰部衣服。（图1-101）

2. 我方立即以右手扣紧其来手，使其来手不得移动，用劲向我方怀内拉；同时，腰稍右拧，左肘顶其右肘，左手在上，蓄劲待发。（图1-102）

3. 动作不停，我方左步进敌裆下，身向右转，上体前俯，右腿反弓；同时，左手由其右腋下方前伸，反掌用掌根发力，向前、向下用劲推打其软肋，用左臂绷其肘尖。务要迅速，切忌迟缓，手脚齐动，协调一致。（图1-103）

❯ 图1-101

❯ 图1-102

❯ 图1-103

后崩肘

【用法分解】

1. 我方正在行走之间，敌方乘我方不备，突伸右手，从我方身后抓住我方腰带或腰部衣服。（图1-104）

2. 我方速以右手后伸，抓住其来手，用劲前拉，不让其逃。（图1-105）

3. 动作不停，我方向左转身，左手顺势后伸，由敌方右臂后方穿至其小腹前，手背贴其腹部，左肘贴其右肘之后。（图1-106）

❯❯ 图1-104

❯❯ 图1-105

❯❯ 图1-106

4. 随即，我方右腿向后插步，身向右转，上体前俯，右手向右猛拉；同时，左手下翻，左肘反转，绷压其肘。似翻身状，折其肘，控其腕，扭其腰。（图1–107）

⚠ 图1–107

顶腕

【用法分解】

1. 敌方突伸右手，将我方腰带抓住。我方速发丹田劲，腹部向前一鼓，身体随之向前一顶；身体随即向后一缩，以腰部带拉其来手。在此顶拉之间，以暗劲扰乱其来手，使之力散。（图1–108）

2. 动作不停，我方乘机以左手抓住其右肘，向前一送；同时，右掌由上向下猛切其右腕，使其腕节上弯。（图1–109）

3. 随即，我方右手协助左手也去抓其右肘，两手一齐用劲向后带勒；同时，发丹田劲，腹部前顶，致其手腕疼痛，无法抵抗，我即解脱。（图1–110）

图1-108

图1-109

图1-110

端肘

【用法分解】

1. 敌方右脚进步，右手以阳手（掌心向上）抓住我方腰带。（图1–111）

2. 我方上体立即向前一俯，腹部里缩；同时，两手由下向上抓住其右上臂，用劲上端，胸部下压。（图1–112）

三十六

⚠ 图1–111

⚠ 图1–112

3. 动作不停，我方再以左脚前蹬其右肋或右胯，前蹬用劲时兼带下搓之力；同时，两手猛然后拉，上体后仰。周身协调，冷劲一发，将其制伏。（图1-113）

<< 图1-113

挎肘

【用法分解】

1. 敌方突伸右手，抓住我方腰带或腹部衣服。我即以右手将其来手扣紧，勿使其来手撤回。（图1-114）

>> 图1-114

2. 接着，我方右脚后撤，上体前俯，腹部后缩；同时，右手用劲后拉右拧，将其右臂拉直，使其右臂翻转失力。（图1-115）

3. 动作不停，我方左前臂由下向上挎其右肘，用劲上兜；同时，右手下按，上体后仰，将其制伏。（图1-116）

❖ 图1-115

❖ 图1-116

三十八

勒腕

【用法分解】

1. 敌方突伸右手，意欲抓擒我方腰带或腹部衣服。我方乘其来手将及未及之际，速以右手接住并抓紧，向后一拉。（图1-117）

2. 动作不停，我方左臂屈肘向前兜挎其右肘，致其疼痛失力。（图1-118）

⊗图1-117

⊗图1-118

3. 随即，我方小腹前靠，抵住其右腕；同时，两手抓抱其右臂突然勒拉。腹部以丹田劲向外猛鼓，以合力将其制伏。（图1-119）

《 图1-119

断腰

【用法分解】

1. 我方右脚急进，两手猛然扑击，致敌方失衡，后仰欲倒。（图1-120）

三十九

《 图1-120

2. 我方左脚乘机跨进，以左膝迎接其腰；同时，以左手按其左肩，右手按其左胯，两手冷劲，一齐下按。（图1-121）

3. 动作不停，我方左腿用力提起，左膝顶劲，一按一提，将其制伏。此招对人的力量及反应速度要求很高，要勤加练习，功力到家，方能用上。（图1-122）

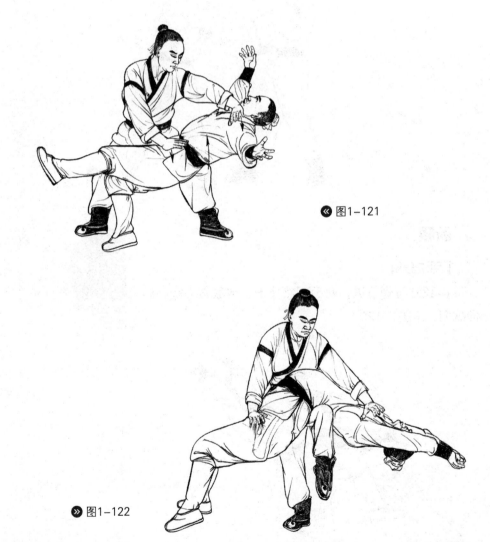

《 图1-121

》 图1-122

挟腰

四十

【用法分解】

1. 敌方来势凶猛，突然扑来。我方闪躲不及，只得一面两手接抓其两臂，一面身体后仰；同时，两脚上冲，以仰面鸳鸯剪势盘其腰后，夹其两肋。（图1-123）

2. 随即，我方落地，两脚互挂，向里夹拢，两膝摆动，向里顶撞，致其软肋疼痛，周身失力。古谱称此招为"鹤膝虎胫"，是为暗劲，可断其肋骨。此招如遇敌腰粗而自己腿短，不可轻用，以免被动。另外，此招系败中取胜法，万不得已时才用。（图1-124）

图1-123

图1-124

小缠丝

【用法分解】

1. 我方右手欲擒敌腕，刚一出手，反被敌方右手抓住手腕。（图1-125）

2. 我方立即反制，乘其刚一抓住之际，速以左手抓按其右手背，用劲控紧，勿使其右手臂脱离。（图1-126）

☆ 图1-125

☆ 图1-126

3. 动作不停，我方右手向左、向上、向右缠抓其右腕。（图1-127）

4. 随即，我方右手猛然向下抓压；左手按紧，不得使其右手脱离我方右臂，也不得使其右臂弯曲或翻转；两脚滑步，腰身右拧，助劲增力。如此两手缠紧折别，冷疾脆快，可致其右腕疼痛，全身失力，跪膝扑地。（图1-128）

☆ 图1-127

☆ 图1-128

四十二

双缠丝

【用法分解】

1. 当敌方两手分别拿住我方右腕与右臂时，我方要乘敌方全劲尚未发出之际，速将右腕（被缠拿之腕）以绵软法为之一松，随即右肘尖上提；同时，左肘由敌左臂里侧挑开敌方左臂，使其力量减弱。（图1-129）

2. 动作不停，我方即以左手向后抓住敌方右手（或左手，以顺势易抓为准），向上用劲勒拉。（图1-130）

⊗ 图1-129

⊗ 图1-130

3. 随即，我方左脚一摆，右脚速进（也可两脚跳步换势，这样更有利于向下砸劲，速度也快；但要练熟方可），身体随之左转前俯；同时，右肘尖向上提起，向下转压，猛劲砸其右肘（如抓其左手，即就近砸压其左肘），两手紧勒，不得让其手臂弯曲。一齐发力，致其两膝跪地，腕肘皆伤，完全失力，无法抵抗。（图1-131）

◎ 图1-131

大缠丝

【用法分解】

1. 敌方突伸右手，抓住我方右腕；或我方擒拿出手，被其反抓。我方就势将其来手向怀内一拉；同时，左手上扬，左肘贴住其右肘。（图1-132）

2. 随即，我方左手向后反抓，锁其右手，两手合力向怀内抱紧。（图1-133）

3. 动作不停，我方右手向上用转环劲，向外盘抓其右腕；同时，腰身左拧，上体前倾，左肘压其右臂，向外横拐，致其失力。此招可破强力之敌，用小缠丝无法克制，即用此法擒拿。（图1-134）

☆图1-132

☆图1-133

☆图1-134

屈肘断臂

【用法分解】

1.敌方右脚进步，右手以泰山压顶势或迎面直捅势等招打来。我方左脚在前，即以左臂架挡其来手。（图1-135）

2.我方左臂猛向外推，左手顺势抓其右腕；同时，右脚向前上步，身体左转，右臂外伸上提，向里兜其右肘，致其右臂向外弯曲。（图1-136）

四十四

《图1-135

《图1-136

3. 动作不停，我方左手就势下按其右手，右肘猛劲上提，顶其右肘，致其肘筋疼痛，无力抵抗。（图1-137）

《 图1-137

挎篮

四十五

【用法分解】

1. 敌方向前出左手，欲抓我方中部。我方乘其来手将及未及之际，速以右手拦抓其左腕。（图1-138）

》 图1-138

2. 随即，我方右手顺势拽拉其左臂；同时，左手虎口锁扣其左肘，致其疼痛。（图1-139）

3. 动作不停，我方再用左手下压，致其肘弯；乘势右臂弯曲，夹挎其左上臂用力里勒，右手捋抓其左掌，向下折别，致其腕疼失力。此招至此，我方如与敌方力量接近，即可得手。（图1-140）

4. 若遇敌力量过大或手腕过软，我方右臂务要用劲夹紧，再把左手移上，与右手一齐用力，两手擒一腕，敌绝难抵挡。（图1-141）

◀ 图1-139

⊗ 图1-140

⊗ 图1-141

缚虎

【用法分解】

1. 我方在行走时与敌方迎面相遇，欲对其施行擒拿或抓捕。我方右脚在前，右手突然直出拿住敌方右手，拇指扣其手背，其余四指扣其右腕。（图1-142）

2. 随即，我方右手向上、向外缠转，使其右臂翻转，右腕折屈；同时，左手配合，也去抓锁其右手，两手合力扭按，致其手腕疼痛失力。（图1-143）

☆ 图1-142

《 图1-143

3. 动作不停，我方左脚向前进步，绊其右腿；同时，两手继续折屈其右腕，向下推送，致其向右侧倒，右臂反弯，全身蜷曲，不能动转。（图1-144）

4. 最后，我方两手向其后背继续盘屈其右臂；右脚进步，左脚跟进靠挤撑紧其右前臂，左脚顺势向下踩其右腋下方。此时我方两手完全腾出，可略作歇息，或拿绳将其捆绑。（图1-145）

❖图1-144

❖图1-145

滚肘

【用法分解】

1. 敌方右脚进步，右拳对我方当胸击来。我方胸部迅疾后缩，身体右转，令其来拳打空。（图1-146）

2. 随即，我方两手乘机抱接其右拳，左手在上，右手在下，猛向右拉，不让其逃。（图1-147）

四十七

《 图1-146

➥图1-147

3. 动作不停，我方猛然左转，右脚进其右腿后绊住；同时，右肘穿过其右臂，顺势夹住其右肘，两手向下拧其手腕，致其身法失势，后仰欲倒，无力抵抗。（图1-148）

4. 最后，将其放倒，乘其仰面朝天之际，我方顺势滚翻，两腿裹压，两手拧转不停，将其制伏。（图1-149）

⊗ 图1-148

⊗ 图1-148附图

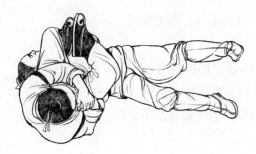

⊗ 图1-149

掣翅

【用法分解】

1. 敌方右脚进步，突伸右手向我当胸抓来。我方乘其来手将及未及之际，左手急出拦挡其右手。（图1-150）

⬆ 图1-150

2. 随即，我方左手顺势抓其右腕；同时，右手由下向上挑其右臂，两手用力折别。敌方右腕里勾，用力抵抗。（图1-151）

3. 动作不停，我方速以左手外划，扣抓其右手；同时，右手也扣抓其右手用转环劲，向下翻转拧动。两手用力后拉、下掰，右步稍撤，身体后坐，致其侧身前俯，肘节扭曲。（图1-152）

❯ 图1-151

❯ 图1-152

四十九

撕翅

【用法分解】

1. 我方见敌方迎面走来，欲行擒拿时，即向左一闪，立于敌方右侧，右手由其小指侧反抓，用劲扣紧。（图1-153）

2. 承上，我方右手向上、向右拧转，使其右腕向上反弯；同时，左手辅助，也抓扣其右手。两手用劲右拧、后牵，右脚后摆，左脚外跨，身体后缩，致其身体前俯，手腕疼痛，不能抵抗。（图1-154）

❀ 图1-153　　　　　　　　　　❀ 图1-154

3. 敌方欲逃脱，以缩小绵软法缩身弯肘，身体向左后转，左脚撤步，欲用左手反拿我方头发或锁我方咽喉。（图1-155）

4. 我方速乘其转身之际，左脚前滑，右手贴其背后向上扳其右腕，使其右臂疼痛，身向前躬，无法用力；同时，左手按切其右腕，向下坠压。两手控敌，上扳下切，折其腕骨，扭其肩筋。（图1-156）

 图1-155

图1-156

扛肘

【用法分解】

1. 敌方右拳迎面向我击来。我方见其突击，立即向左微闪，两手顺势捧接其右腕。（图1-157）

五十

 图1-157

2. 随即，我方两手一齐向后一拉，向右后转；同时，左脚进步，以左肩扛其右肘。（图1-158）

3. 动作不停，我方两手下坠，左肩上扛，左脚后撤，身向前俯。肩手一齐动作，以冷劲扛顶，致其身挺足跃，无法抵抗。（图1-159）

❖ 图1-158

❖ 图1-159

五十一

卷拳

【用法分解】

1. 敌方突出右拳，向我方腹部勾击而来。我方缩身闪过。（图1-160）

2. 随即，我方右脚退步；同时，两手乘机捧接其来拳，以两手拇指扣其右手背，其余四指按其腕里。（图1-161）

3. 动作不停，我方两手拇指向前掰压其手背，其余四指助力，向下压折，务要以冷劲，将其制伏。（图1-162）

《 图1-160

》 图1-161

《 图1-162

五十二

捋腕

【用法分解】

1. 敌方左拳向我胸部冲来。我方身稍后仰，左掌速出，拦抓其左拳。（图1-163）

2. 随即，我方左手抓紧其左拳；同时，右手前伸锁扣其左肘，上下用劲点掐，致其全身酸麻，绵软无力。（图1-164）

» 图1-163

« 图1-164

3. 承上，敌方势必后撤左手，肘向上提，意欲滑脱。我方左手乘势向前、向上猛然一送，继而向下将，将其左腕折弯；右掌紧接，外推其肘。一折一推，动作迅速，冷劲一发，将其制伏。（图1-165）

《 图1-165

挟衫

五十三

【用法分解】

1. 敌方突出左拳，向我当胸冲来。我方稍后撤，左手顺势接抓其左腕。（图1-166）

《 图1-166

2. 随即，我方左手下拉其左腕，右手从其左臂里侧向上缠绕过去，右肘紧兜其左肘；同时，左脚摆步，右脚进步，身体左转。（图1-167）

3. 动作不停，我方右前臂用劲上提，左手下按，两手合力，将其制伏。（图1-168）

图1-167

图1-168

五十四

扣拳

【用法分解】

1. 敌方突伸左手，叼抓我方右袖。（图1-169）

2. 我方右手立即上翻，虎口锁扣其左臂，顺势后拉、下切。（图1-170）

⚡ 图1-169

⚡ 图1-170

3. 动作不停，我方左手乘机向前上方推。两手合力，一切一推，稳准冷脆，将其制伏。（图1–171）

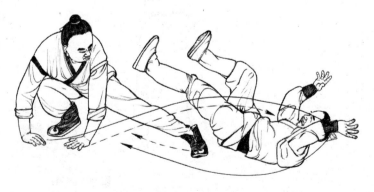

◁ 图1–171

撑肘断腕

【用法分解】

1. 我方使用左后扫堂腿，突然发力，致敌方仰身倒地。（图1–172）

◈ 图1–172

2. 我方左脚一收，乘势扑压，右手抓擒其左腕；左手按住其胸部。（图1-173）

3. 动作不停，我方两腿进前，夹压其左臂；右手腾出，去抓其右腕。（图1-174）

4. 最后，我方右手抓其右腕下压，使其右腕贴地；同时，左手由其右腋下方前插，去抓自己右手助力。两手用劲后拉，左臂上撑，将其制伏，此为绝招。（图1-175）

图1-173

图1-174

图1-175

五十六

别肘

【用法分解】

1. 我方突进，左手擒抓敌方左腕，左脚顺势向后勾踢敌方左脚跟，致其仰跌。（图1-176）

⏫ 图1-176

2. 随即，我方向左转身，右手协同左手，合抓敌方左腕；同时，左脚落步，右腿由其身上跨过，用劲向后蹬挺。（图1-177）

3. 动作不停，我方两手将其左臂外拧翻转，将其左肘别于我左膝上。两手下按，用劲扳折，手腿一齐用劲，将其制伏。（图1-178）

⊗ 图1-177

⊗ 图1-178

提肘

【用法分解】

1. 敌方突进右步，右拳向我腹部冲来。我方急忙闪身，速以右手抓其右腕，顺势向后猛拉。（图1-179）

2. 随即，我方左臂弯曲，以左肘向上挎其右肘尖或右肘稍上部位。（图1-180）

3. 动作不停，我方左腿弯曲，以胫骨兜其腰部，用劲外顶，身体右倾；左手上提，右手侧扳，将其制伏。（图1-181）

五十七

图1-179

图1-180

图1-181

压肘

【用法分解】

1. 敌方突进左步，以左手下抓我方右前臂。（图1-182）

2. 我方速以左手将其左腕扣住，向后一拉，身向左转，右脚滑步。（图1-183）

《 图1-182

》 图1-183

3. 动作不停，我方速以右肘用转环劲，上旋、下压、后拐其左肘，身体前俯沉劲，扭折其左肘及左腕。（图1-184）

◀ 图1-184

崩按肘

五十九

【用法分解】

1. 我方抓敌方头发。敌方突然下潜避过，反以右手抓我方左腹衣服或腰带。（图1-185）

▶ 图1-185

2. 我方就势，上身前俯，用左手兜抓其右肘，右手粘按其右上臂。（图1-186）

3. 动作不停，我方冷然发力，以左掌或左肘用劲上崩，右掌或右肘向下抖按，将其制伏。（图1-187）

❯ 图1-186

❯ 图1-187

挟肘

【用法分解】

1. 我方抓住敌方右腕，右腿上步绊住敌方右腿，右臂拦住敌方左颈。（图1-188）

2. 动作不停，我方向左旋劲，右腿后扫，使其失衡仰跌。我方斜伏其身上，右腿在前顶其右腋下方，左腿斜伸于左前方，以肋骨压其肺部，使其难动，不能翻身。（图1-189）

六十

《图1-188

》图1-189

3. 敌方两手抵抗，或抓或打，并想起身。我方乘敌方手慌脚乱之际，右腿前伸，以左手将其右臂按别于我方右大腿上；右脚后勾其右腿，使其右腿离地翘起，无法用力。（图1-190）

《图1-190

4. 最后，我方左手用劲捋折，右膝上翘助力，务要以冷劲，将其制伏。（图1-191）

▶ 图1-191

跨马

【用法分解】

1. 敌方在我前方倒地之时，我方两手乘机抓住其右腕，向上提起。（图1-192）

六十一

▲ 图1-192

2. 随即，我方两腿前跨，臀部骑压其咽喉，左腿从其左臂上方跨过压住，右腿从其右臂外侧前伸；两手紧抓不放。（图1-193）

3. 动作不停，我方右腿向里盘屈，将其右肘别住；左腿向右前方伸，配合盘夹。势成之后，两手用劲向右扳折、向下按压，将其制伏。（图1-194）

《 图1-193

》 图1-194

分臂

【用法分解】

1. 我方俯身，猛捞敌方两脚跟，将其摔倒。（图1-195）

2. 乘敌后躺之际，我方前扑，骑跨其胸，用劲下坐，致其呼吸不便，使其难动。（图1-196）

《 图1-195

》 图1-196

3. 敌方两手挣扎，常用摧喉、抓脸等手法抵抗或欲逃脱。我方速以两手抓擒其两腕。（图1-197）

4. 动作不停，我方两膝向里猛夹其两肘，两手用劲向外扳折，冷疾脆快，将其制伏。（图1-198）

⚠ 图1-197

⚠ 图1-198

六十三

勒肘

【用法分解】

1. 我方右腿绊敌，右掌拦打敌方脸部，致其跌出，仰面躺地。（图1-199）

⚠ 图1-199

2. 乘其刚倒之际，我方就势跨上，准备连击；敌方顽抗，突用右拳，向我方打来。我方速以左手捕抓其右腕、右手捕抓其右前臂。（图1-200）

3. 动作不停，我方两脚快速跟进，身体前靠，两手提其右臂，左肩乘机顶住其右腕。两手顺势下捋，左手抓扣其右肘，右手助力合抱，随即发劲向里勒压，将其制伏。（图1-201）

≪ 图1-200

≫ 图1-201

六十四

推指

【用法分解】

1. 敌方右脚进步，右手当胸一拳打来。我方立即向左一闪，左手顺势接住其右腕。（图1-202）

2. 随即，我方右掌根突发冷劲，对准敌方右手拇指前推、下按；左手同时里拉、上端。（图1-203）

擒拿敌拳，一般来说，对方四指（除拇指外）紧握在里，我方很难得手；其拇指在外，虽然蜷曲，但为单指，我方如能抓住机会，尚可得手，全在技术熟练，熟能生巧。

》 图1-202

⌃ 图1-203附图

《 图1-203

卷指

【用法分解】

1. 敌方右脚进步，出右手，欲抓我方。我方右手顺势拇指在上、其余四指在下，迎击锁拿，用力扣合。（图1-204）

2. 随即，我方右手拇指突然内旋，其余四指助力外别，卷折其指骨，致其疼痛难忍。（图1-205）

图1-204

图1-205

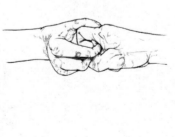

图1-205附图

3. 如防其逃脱，我方前伸左手，紧抓其右腕即可。
（图1-206）

<< 图1-206

牵羊

【用法分解】

1. 敌方突出右手，向我方迎面或当胸抓击而来。我方迎击，速以右手对准其右手扣抓。（图1-207）

>> 图1-207

2.随即，我方左手跟上，配合右手一齐抓其右手。两手拇指前顶，其余四指里收、后拉，身体后缩，下折其指，擒其跪伏。（图1-208）

▶ 图1-208

分指

【用法分解】

1.敌方左脚进步，左手向我方咽喉锁抓而来。我方后撤，左手虎口对准敌方左手虎口，乘势由下向上扣其左手拇指；同时，右手同样抓扣其小指或无名指。（图1-209）

六十七

◀ 图1-209

2. 动作不停，我方左脚摆步，右脚进其裆下，上体紧靠其身，右肘封挤其左臂；同时，两手用劲外分、上折，将其制伏。（图1-210）

⊗ 图1-210

六十八

破抓阴

【用法分解】

1. 敌方突进右步，右手成爪向我方裆部抓来。（图1-211）

2. 我方左手速将其右手抓住，向后一拉，或以左掌直接向右拦截，化解其来手；同时，右手食指、中指伸直向其双目点刺（燕子夺窝势）。（图1-212）

我方裆部一旦被抓，非常危险，此时须赶紧化劲，速以燕子夺窝势点刺其双目，是最佳招法。

其他技法也行，如挑麻筋、掐虎口、托肘、双拧臂、双风贯耳、锁喉等，但都没有插眼速度快、收效大。

<< 图1-211

>> 图1-212

断腿

【用法分解】

1. 我方将敌方打倒后，或在互相扭斗中，乘敌方已倒地或坐地之际，即用此招擒拿。（图1-213）

2. 我方先以两手将其右臂抓住，用劲后拉；同时，左膝就势跪卧，右腿前伸下压敌方右腿。（图1-214）

△ 图1-213

《 图1-214

3. 动作不停，我方左脚蹬抵其右膝后部；同时，右脚顺势勾贴其右腰。（图1-215）

4. 最后，我方两手继续后拽，右脚向外勾挂，身体后仰、右转；左腿顺势挺伸，猛劲一蹬，将其制伏。（图1-216）

○ 图1-215

《 图1-216

坐腿

【用法分解】

1. 敌方近身，左脚踢我方裆部。我方收步侧身，右手向下勾挂，控制敌方左脚跟。（图1-217）

2. 随即，我方右脚迅疾跨过敌方左腿，转身背对敌方，两手抱住其左脚跟上抬，将其左膝骑在臀下。（图1-218）

⊗ 图1-217

⊗ 图1-218

3. 动作不停，我方两手紧抱其左脚跟，用劲上扳，身体后挺，臀部猛向下坐。冷疾劲到，将其制伏。（图1-219）

◀ 图1-219

蹬腿

【用法分解】

1. 我方不慎倒地，或被敌方击倒。敌方右步跟进，右拳向我冲来。（图1-220）

七十一

◆ 图1-220

2. 我方左臂急忙上起，接架其来手；同时，右手撑地，身向右转，左脚抵其右膝（阻其前进，准备蹬击）。（图1–221）

3. 动作不停，我方左手顺势抓其右腕，用劲捋拉（抓手亦可不用，只要两脚用好了，照样伤敌）；同时，右腿从其右腿外边勾绊其脚跟（不让其逃，合势助劲）。随即，左脚猛蹬其右腿，突然发力，将其制伏。（图1–222）

>> 图1–221

<< 图1–222

断足

【用法分解】

1. 敌方地躺腿击，两手撑地，身向右卧，忽发左脚，猛劲向我方踹踢而来。我方后撤急闪。（图1-223）

七十二

⊗ 图1-223

2. 随即，我方两手就势接其左腿，右臂屈肘抄抱其左小腿，右腋夹别其左脚掌；左手前伸按压其左大腿，右手随即抓住自己左前臂，合势助力，致其身僵腿疼。（图1-224）

3. 动作不停，我方身向后仰，胸向上挺，左手下按，右臂兜提，可立即致其腰翘失势，脚痛膝僵。（图1-225）

图1-224

图1-225

第二章
武当秘传擒拿手
（25手）

武当武术，中华武术之一大名宗，其独特的立意、理论与练法、劲法，可谓独树一帜，名扬武林。大致而言，武当派独具内家特色，暗蕴内劲秘窍，深含道家玄机。

技击有踢、打、摔、拿，擒拿是实战大技之一。擒拿主攻筋骨。武当擒拿沿袭内家宗风，是武术擒拿的一大奇技。

武当擒拿，招法别致，柔韧有力，动作曲折，细腻多变；能以小取大，以柔克刚，以弱胜强。所谓"出手如使捆仙绳，任敌挣扎动不成""扣如钢钩黏如胶，缠如金丝敌难逃"，常被誉为"神鬼莫测之技"，一旦出手，立刻令敌筋分骨裂。

本章就武当擒拿，举出战例25手，供同道参考。

小缠扭肘

【用法分解】

1. 敌方右脚上步，右拳击打我方面部。我方左脚退步，两掌上托，右掌托敌方右拳，左掌托其右肘，并向上推举。（图2-1）

2. 我方左脚向敌方裆下上步；同时，右掌贴住敌方右拳向下旋压，使其松拳，左掌根助力推住敌方右肘下方，使敌方右臂反关节。（图2-2）

◇ 图2-1

◇ 图2-2

3. 我方右手顺势抓住敌方右腕缠拧，左掌继续向下、向右后方拧按，扭伤其右肘，致其仆地就擒。（图2-3、图2-4）

《 图2-3

» 图2-4

上缠盘肘

【用法分解】

1. 敌方右脚上步，右掌劈击我方面部。我方左脚退步，两掌向里裹格敌方右掌，阻截敌方攻击。（图2-5）

2. 我方迅疾出左手抓住敌方右掌，左脚上步；右掌顺着敌方右臂下穿，用掌背贴住敌方右肘外侧。（图2-6）

⊗ 图2-5

⊗ 图2-6

3. 我方左脚再前移于敌方右腿后方；同时，左手抓敌右掌上提并向敌方右肩方向推挤，右掌绕过其右肘向上兜起，形成上缠肘势，盘屈其肘，擒拿敌方。（图2-7）

◀ 图2-7

上挎挺肘

【用法分解】

1. 敌方右脚上步，右拳攻击我方胸部。我方左脚退步，右手抓住敌方右腕，左掌前托敌方右肘。（图2-8）

◆ 图2-8

○ 115 ○

2. 我方左脚向敌方右脚后方上步；同时，右手抓住敌方右腕向右下方拉，左肘弯挎住敌方右肘，左掌准备抓按敌方右掌或手腕。（图2-9）

3. 我方迅速起身伸膝，两手控制敌方右腕向下拧转，左肘架住敌方右肘上抬，挺伤其关节，致其被我方控制。（图2-10）

《 图2-9

》 图2-10

老道背熊

【用法分解】

1. 敌方右脚上步，右掌击打我方胸部。我方左脚退步，右掌向前画弧，用掌背拦截敌方右臂，并向右外侧滚劲，化去敌方右掌攻击之力。（图2-11）

2. 我方右掌贴住敌方右前臂旋转，用右前臂内侧兜住敌方右腕内侧，左掌按住敌方右腕外侧；同时，左脚收步，身体上起，将敌方右腕控制在我方右肩上。（图2-12）

四

《 图2-11

》 图2-12

3. 动作不停，我方右脚外展，左脚向右绕步转身；同时，两手合抱抓住敌方右腕，将其右肘反担在我方左肩上。（图2-13）

4. 我方两手控制敌方右腕向下拉拽，向前躬身，反背敌方，将其制伏。（图2-14）

 图2-13

图2-14

五

反缠转肘

【用法分解】

1. 敌方右脚上步，右拳击打我方胸部。我方左脚退步，左前臂内裹，格阻敌方右前臂外侧。（图2-15）

2. 我方左掌从敌方右肘内侧绕过，从敌方右上臂下方穿过，向其右肩外侧提起；同时，左脚上前一步，进于敌方右脚外后方。（图2-16）

3. 动作不停，我方左脚内扣，右脚向左脚后方插步；随即，向右转身，左掌抓按敌方右肩后部，右掌扣指抓控敌方右肘，将敌方右前臂反折在我方左肘弯内侧。（图2-17）

☆ 图2-15

☆ 图2-16

☆ 图2-17

4. 我方两手控制敌方右臂继续右转，将敌旋压在地，致其不能动弹。（图2-18）

⊼ 图2-18

六

捋仆伤臂

【用法分解】

1. 我方右脚进步，右掌劈击敌方面部。敌方左脚后移，两掌上划阻截，右掌推住我方右掌背，左掌推住我方右前臂。（图2-19）

▷ 图2-19

2. 我方右脚收步，左脚前移；同时，右掌外旋下将，用掌心贴住敌方右掌心，使其右臂反拧，用左前臂拦推敌方右肘助劲。（图2-20）

⊗图2-20

3. 动作不停，我方右脚退步，向右旋身，右掌扣指抓住敌方右掌向右下方持拽；同时，左掌猛压敌方右臂，伤其关节，致其前仆。（图2-21、图2-22）

《图2-21

○ 121 ○

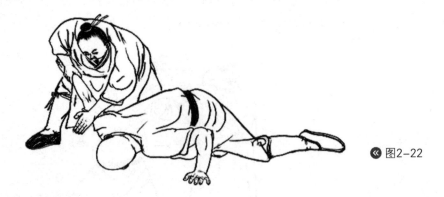

◀ 图2-22

手抱太极

【用法分解】

1. 敌方右脚前滑，右拳击打我方面部。我方左脚退步，右掌上挑，用右前臂拦住敌方右腕背部，左掌前托敌方右肘。（图2-23）

⚫ 图2-23

2. 我方右掌反缠敌方右拳，乘敌拳下旋之际，左手顺着敌方右臂旋拿其腕，并往下拧；右掌顺势前移，用掌背顶住敌方右上臂内侧。（图2-24）

3. 动作不停，我方右脚摆步于敌方右脚跟后方；同时，右掌内收也拿住敌方右腕，两手一齐用力向其腰右侧推送，使其右臂反折。（图2-25）

◀ 图2-24

▶ 图2-25

4. 我方立身而起，右手抓住敌方右手不松；左掌上抬，抓按敌方脑后，把敌擒制。（图2-26）

《 图2-26

顺水拽舟

【用法分解】

1. 敌方右脚进步，左拳击打我方胸部。我方左脚退步，向右旋身，用两掌拦住敌方左前臂内侧。（图2-27）

《 图2-27

2. 我方两掌顺势抓住敌方左腕，向下、向左旋拧，使敌方左腕关节向外反扭。（图2-28）

3. 动作不停，我方继续拧敌左腕，并向下拽，向左旋身助力，致其前趴仆倒。（图2-29）

⊗ 图2-28

⊗ 图2-29

按压断肘

【用法分解】

1. 敌方右脚上步，右手抓我方左肩。我方右脚提步，用右手将敌方右手按在我方左肩上，左掌前伸，用左上臂内侧向右挤住敌方右前臂外侧。（图2-30）

» 图2-30

2. 我方右脚退一步，上体右旋，左掌内收按住自己右腕，左肘压住敌方右肘。（图2-31）

« 图2-31

3. 动作不停，我方向前屈身，略向右旋，左肘抖劲下压其右臂，致其前仆跪地。（图2-32）

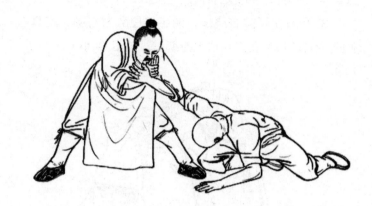

» 图2-32

转步旋翻

【用法分解】

1. 敌方右脚进步，右掌撩击我方咽喉。我方左脚退步，右前臂上抬架住敌方右掌，阻截敌方攻击。（图2-33）

《 图2-33

2. 我方右掌顺着敌方右掌背外旋，屈指扣抓敌方右腕旋拧，左掌托住敌方右肘前推；同时，两脚迅速换步，伸膝起身，使敌方右臂向上反折。（图2-34）

3. 我方左脚向右绕步，两手抓住敌方右腕，使其右腕随我方转身从我方头顶上方绕过。（图2-35）

◀ 图2-34

▶ 图2-35

4. 动作不停，我方右脚继续向左脚后方撤步，两手猛然向外旋拧、向下拽拉，致其仰面跌地。（图2-36、图2-37）

《 图2-36

《 图2-37

大缠盘臂

【用法分解】

1. 敌方右脚进步，右掌攻击我方腹部。我方左脚退步，左掌于腹前接住敌方右掌；敌方左掌来救，我方右肘向前压击敌方左臂，阻截敌方左掌。（图2-38）

2. 我方左手抓住敌方右掌不放，右掌顺势穿过敌方右臂抱住其右腕外侧；右脚略收之际，右肘上抬，致其右臂反折。（图2-39）

图2-38

图2-39

3. 动作不停，我方右脚向左脚后外侧弧形退步；同时，向右转体发劲，右掌按住敌方右肩后方旋压，盘其右臂，致其栽地，不能动弹。（图2-40）

» 图2-40

臂缠龙颈

【用法分解】

1. 敌方右脚进步，两掌推击我方胸部。我方左脚退步，吞胸吸腹，使敌方两掌无从着力。（图2-41）

十二

« 图2-41

2. 我方胸部随即右吞，左掌、左臂同时向右拦化敌方两臂，使敌方两掌移向我方身体右侧。（图2-42）

3. 我方右掌从下向上画弧，扣指抓住敌方右腕向我方右后旋拧；同时，左脚上步于敌方右腿后方，左掌从敌方右臂上方前伸，腋部压住敌方右肩，使敌方上体后仰。（图2-43）

4. 动作不停，我方左掌向左、向后、向下画弧，左臂缠夹敌方脖颈，兜提旋拧，致其难动就擒。（图2-44）

❯ 图2-42

❯ 图2-43　　　　　　　　　　❯ 图2-44

霸王推鼎

【用法分解】

1. 敌方右脚进步，右拳击打我方胸部。我方左脚退步，右手接住敌方右腕，左掌猛力砍击或柔劲按压敌方右臂。（图2-45）

2. 我方左掌压住敌方右前臂向下格开，左脚上步于敌方右腿后方，右掌快速向前托击敌方下巴。此时，可用左掌搂抱敌方腰部助劲。（图2-46）

3. 我方也可用左掌推按敌方胸部，与右手推掌一齐发力，将敌方放倒在地。（图略）

十三

⌃ 图2-45

⌃ 图2-46

十四

按牛喝水

【用法分解】

1. 敌方右脚进步，右掌击打我方面部。我方右掌上翻，扣指拦抓敌方右腕前推；同时，左脚上步，左掌托抓敌方右上臂。（图2-47）

2. 动作不停，我方右手旋拧敌方右腕，猛然向右侧牵带；左掌从敌方背后穿过敌方左腋下方，屈臂兜住。（图2-48）

❯ 图2-47

❮ 图2-48

3. 动作不停，我方右手松开，穿过敌方右臂下方，按住敌方脑后，用右肘弯兜住敌方右腋下方。（图2-49）

4. 我方两掌相贴，紧紧按压敌方脑后；同时，两臂兜住敌方两上臂上抬，致其向前勾头俯身，被我方擒制。（图2-50）

⭡ 图2-49

⏩ 图2-50

十五

翻天覆地

【用法分解】

1. 敌方右脚进步，右拳击打我方面部。我方左脚退步，两手上提，拦截敌方右腕。（图2-51）

2. 我方左手乘机旋抓敌方右腕，左脚向自己右脚内侧收拢，右掌按击敌方面部。（图2-52）

⊗ 图2-51

《 图2-52

3. 动作不停，我方左脚向右脚后方撤步，上体左转发劲，左手紧抓敌方右腕向左、向后、向下拽，右掌按住敌方面部向左下方按，致其躺地难起。（图2-53）

⇧ 图2-53

引蛇入洞

【用法分解】

1. 敌方右脚进步，两掌右上左下，推向我方面部及胸部。我方竖立右前臂向前阻截，左掌护于右肘内侧。（图2-54）

十六

« 图2-54

2. 我方左掌扣指向上抓握敌方左前臂，右掌外旋，拦开敌方右掌。（图2-55）

3. 我方右掌压抓敌方右前臂，将其右臂按在其左臂上，致其难以反抗。（图2-56）

◈ 图2-55

◈ 图2-56

4. 我方向左转身，右掌顺势按抓敌方左肘外侧。
（图2-57）

5. 动作不停，我方继续向左转体，左脚稍摆，右掌旋压，左手旋拉，扭伤敌方左臂，致其前趴于地。
（图2-58）

❖ 图2-57

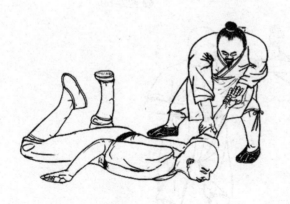

❖ 图2-58

砸肘折肘

【用法分解】

1. 敌方右步前滑，右掌插击我方面部。我方右偏身避过，使敌方右掌从我方左肩上边穿过。（图2-59）

2. 我方右掌迅速将敌方右掌按在我方左肩上，左掌上提，左臂格压敌方右臂外侧；同时，左脚进步，立身而起。（图2-60）

❯ 图2-59

❮ 图2-60

3. 动作不停，我方右脚稍收，上体猛然前俯，左肘砸压敌方右肘，致其跪地。（图2-61）

⊗ 图2-61

大旋扒跌

【用法分解】

1. 敌方右步前滑，右掌削击我方咽喉。我方左脚退步，右掌向前阻截敌方右掌。（图2-62）

⊗ 图2-62

2. 随即，我方右掌顺势旋腕扣指，抓住敌方右掌，向右旋拧；同时，左脚进步，左掌反托敌方下巴。（图2-63）

《图2-63

3. 动作不停，我方左脚突向后摆，上体随之左转；左掌扒住敌方下巴，随转身向左、向后、向下旋压，致使敌方仰面跌倒。敌方倒地后，我方不要放松，可根据需要抓按其两臂，或用膝跪住其身体，将其牢牢控制。（图2-64、图2-65）

《图2-64

❖ 图2-65

双手牵牛

【用法分解】

1. 敌方滑步进身，左掌抓插我方腹部。我方左脚退步，两掌向里拦截敌方左臂，左掌扣抓敌方左腕，右掌虎口叉住敌方左肘。（图2-66）

十九

❖ 图2-66

2. 动作不停，我方随即猛然左转，两掌顺势牵住敌方左臂，急发旋拧劲，使其向我方左下方摔出。（图2-67、图2-68）

⊗ 图2-67

⊗ 图2-68

老道端鼎

【用法分解】

1. 敌方右脚进步，右拳击打我方面部。我方左脚退步，上提两掌，拦住敌方右前臂外侧。（图2-69）

2. 我方右掌顺势旋腕扣指，抓住敌方右臂下拉；左掌压住敌方右肘助力；同时，左脚上步于敌方右脚后方绊住。（图2-70）

《 图2-69

》 图2-70

3. 动作不停，我方突然松开两掌上扬，左掌按住敌方脑后，右掌托住敌方下巴。（图2-71）

4. 我方两掌猛然搓动，合力旋劲，将其制伏。（图2-72）

 图2-71　　　　　　　　　　　　 图2-72

抓手缠臂

二十一

【用法分解】

1. 敌方滑步进身，右掌插击我方面部。我方左脚退步，右掌上拦，旋腕扣指，抓住敌方右掌；左掌前伸，用掌背拦托敌方右肘弯下方。（图2-73）

2. 随即，我方右手抓紧敌方右掌向下旋拧，左掌上挑，控制敌方右臂。（图2-74）

3. 动作不停，我方左脚前移，右脚旋即退步；同时，左掌按住敌方右上臂下压，致使敌方右肘折屈，束手就擒。（图2-75）

《 图2-73

《 图2-74

《 图2-75

银蛇缠颈

【用法分解】

1. 敌方右脚进步，右掌插击我方小腹。我方退步沉身，右前臂下拦敌方右前臂，向外侧化开。（图2-76）

2. 随即，我方右前臂贴住敌方右前臂向上弧形后捋，将其右腕夹于我方右肋；同时，左脚上步于敌方右脚后方，左臂向上反拦敌方咽喉。（图2-77）

△ 图2-76

≪ 图2-77

3. 动作不停，我方右掌向上兜起紧搂其右臂，右脚退步；随即向左旋身，右臂向后摆扫，封闭其喉。也可猛然发劲，致其后翻而倒。也可顺势圈臂，缠颈而擒。（图2-78）

《 图2-78

盘手锁喉

【用法分解】

1. 我方左脚进步，左拳反劈敌方面部。敌方扬起右掌，拦截我方左拳。（图2-79）

二十三

《 图2-79

2. 我方左拳顺势前推，准备抓擒；右掌上提，绕过敌方右上臂外侧，准备前穿。（图2-80）

3. 动作不停，我方右脚前进一步，绊其右脚；左拳伸开变爪扣住敌方右腕，反拧前盘；同时，右掌穿过敌方右肩上方，锁扣敌方咽喉，右臂向右挤靠助劲。如此可控制敌方。如欲跌敌，两手向左旋摆，敌即后躺。（图2-81）

◀ 图2-80

▶ 图2-81

夹臂断肘

【用法分解】

1. 敌方右脚进步，两掌扑向我方面部。我方右脚退步，两掌上挑，用两前臂分格敌方两臂内侧。（图2-82）

2. 随即，我方两掌顺着敌方两臂内侧前划外翻。（图2-83）

《 图2-82

》 图2-83

3. 动作不停，我方两掌从上向下侧绕、向里缠合，用两肘弯兜住敌方两肘，即可控制敌方两臂。（图2-84）

4. 擒后连打，我方两掌可顺势用掌尖插击敌方咽喉，再用右膝顶击敌方裆部，将其制伏。（图略）

◀ 图2-84

旋膝别胫

【用法分解】

1. 敌方右脚进步，右掌戳击我方咽喉。我方左脚退步，右掌上穿拦格敌方右腕外侧，左掌推托敌方右肘外侧。（图2-85）

◆ 图2-85

2. 动作不停，我方右掌扣抓敌方右腕，向右下方旋拧拉拽，左掌也扣抓其右肘向右下拉，使敌方身体向我右侧倾斜。（图2-86）

3. 我方右膝乘机贴住敌方右小腿内侧，猛然向前旋压，致其脚扭腿疼，后坐仰跌。（图2-87）

❯❯ 图2-86

❯❯ 图2-87

第三章
唐门秘传擒拿手
（42手）

　　唐门，是指清末民初武术家唐殿卿所传武技，武林惯称此派为"唐门"。历经百年发展，唐门传人众多，练法演变，争奇斗艳。

　　唐殿卿幼承家技，后又拜师，学成后走南闯北，威名远扬，被时人誉为"南京到北京，神手唐殿卿"。武林中有不少"神手唐"的传说。

　　其徒郭粹亚在《石头拳术秘诀》序一中载："鄙人幼从技师唐殿卿，习艺有年。卿悉腾踔之术，每于忿郁填胸时，常作鸡鸣之舞。"

　　郭之朋友金一明在《石头拳术秘诀》序二中载："粹亚即从唐殿卿老先生习技。先生技术精良，名扬南北，诚当时杰出者也。"

　　今就唐门擒拿，整理数招，谨供读者参考。

降龙伏虎

【用法分解】

1. 敌方右脚进步，用右手抓拿我方左肩。（图3-1）

2. 我方右手扣按其右手背紧紧压住，随即右旋身，左手按压敌方右肘，使敌方右臂反折；同时，左膝挤压敌方右大腿后方，将其擒制。（图3-2）

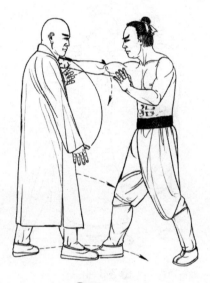

❄ 图3-1

❄ 图3-2

罗汉撞钟

【用法分解】

1. 敌方从我方身后用右臂环缠我方脖颈。（图3-3）

2. 我方左手抓住敌方右腕扳拧，右脚退步，上体右转，右肘尖撞击敌方右肋，将敌拿解脱。（图3-4）

❯ 图3-3

❯ 图3-4

倒拔杨柳

【用法分解】

1. 我方右脚虚踢敌方裆部，乘其低头之际，我方用右手抓住敌方头发。（图3-5）

2. 敌方用两手扣压我方右手背，低头合力下压我方右腕，欲反制我方。（图3-6）

3. 我方左脚进步，右臂屈肘就势前顶，左手捞抱其右腿。（图3-7）

《 图3-5

》 图3-6

《 图3-7

4. 随即，我方左手提拉敌方右腿，右手按住敌方头部前推，致其后倒，破解敌招。（图3-8）

◀ 图3-8

四

卸肘靠打

【用法分解】

1. 敌方右脚进步，右手抓拿我方左肩。（图3-9）

» 图3-9

2. 我方右手扣按敌方右腕，借右旋身反拧其右腕；同时，左臂靠撞敌方右肘后方，致其肘关节伤折。（图3-10）

3. 随后，我方左手经敌方右臂下方穿过，屈肘反掌打其眼部（或下拍其裆部），将其制伏。（图3-11）

⤊ 图3-10

⤊ 图3-11

盘龙进肘

【用法分解】

1. 敌方用左手抓住我方左腕，欲施反拧拿我。（图3-12）

2. 我方顺其拧劲向右转体，将自己左手反背于腰后；同时，右脚退步，绊于敌方左腿后方。（图3-13）

⊗ 图3-12

《 图3-13

3. 动作不停，我方右肘随转身后撞敌方心窝，将其重创而脱拿。（图3-14）

>> 图3-14

小鬼叩门

【用法分解】

1. 敌方右脚进步，两手卡锁我方咽喉。（图3-15）

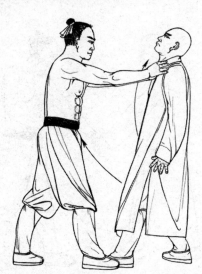

« 图3-15

2. 我方迅疾起右掌砍敌方腕关节，并向左旋体；同时，右膝猛然提起，撞击敌方裆部，将其重创而解脱锁喉之危。（图3-16）

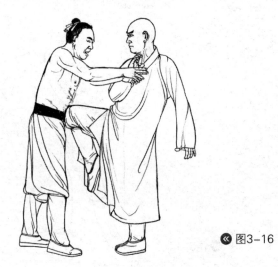

《 图3-16

七

罗汉擒虎

【用法分解】

1. 敌方右掌下伸，欲抓我方裆部。我方迅疾用右手接握敌方右掌。（图3-17）

》 图3-17

2. 随即，我方右手旋拧敌方右掌向右后方拽，左脚上步于敌方右脚内侧，左臂屈肘由上挟住敌方右上臂，左手扣住其右前臂。（图3-18）

3. 我方猛然向右转体发力，使敌方向我方右后下方扑跌，在扭压旋拧之下，致敌方右肘受创。（图3-19）

⚠ 图3-18

⚠ 图3-19

金丝缠腕

【用法分解】

1. 敌方右手猛然抓住我方右腕，欲施擒拿。（图3-20）

2. 我方迅疾用左手紧按敌方右手。（图3-21）

3. 随即，我方向右转身，左肘顺势贴敌右肘，猛力向下砸压，使敌方右腕疼痛而右手松开手指，被我方反拿制住。（图3-22）

❯❯ 图3-20

❯❯ 图3-21

❯❯ 图3-22

武松脱铐

【用法分解】

1. 敌方两手向下抓拿我方右腕。（图3-23）

2. 我方急用左手由上方伸入敌方两前臂之间，握住自己右拳。（图3-24）

《 图3-23

》 图3-24

3. 随即，我方右臂屈肘上举，左手猛向怀内扳拉自己右拳，向左旋身发力，即将我方右腕从敌方两手中解脱出来。（图3-25）

4. 接着，我方顺势右手打出反背拳，击其面部，将其重创。（图3-26）

图3-25

图3-26

无常送客

【用法分解】

1. 敌方右手抓住我方右腕，欲以小缠丝手法控制我方。（图3-27）

2. 我方速进右脚，绊住敌方左脚跟，上提右肘，肘尖对敌方胸部；同时，左手从自己右前臂下方穿过，抓住敌方右前臂。（图3-28）

⊗ 图3-27

⊗ 图3-28

3. 随即，我方右手向上提拉，左手向左下方拉敌方左臂，迫使其手松脱。我方乘机捣出右肘，撞其心窝，将敌方击出。（图3-29）

《 图3-29

顺手牵羊

【用法分解】

1. 敌方右脚进步，右手抓向我方前胸。我方迅疾仰身避过。（图3-30）

》 图3-30

2. 随即，我方两手上合抓住敌方右掌，并按住其掌背，向下折压其右腕。（图3-31）

3. 我方右脚退步，上身前俯，两手继续用力向内下压敌方右腕，致其伏身就擒。（图3-32）

❖图3-31

❖图3-32

苏武甩鞭

【用法分解】

1. 敌方右脚进步，用右手抓住我方左肘下方。（图3-33）

2. 我方右脚向右斜方摆跨一步，左掌猛然向右斜上方上提；同时，左臂屈肘上挑，脱离敌方右手抓拿。（图3-34）

❮ 图3-33

❯ 图3-34

3. 随即，我方向左回身，左脚前滑，左拳反背抡劈而出，击打敌方面部，将其制伏。（图3-35）

» 图3-35

反折龙角

【用法分解】

1. 敌方右脚进步，用右拳勾击我方下巴。我方迅疾仰身避过。（图3-36）

« 图3-36

2. 我方左手乘机抓住敌方右腕；同时，右手从敌方右臂下方穿过，握住其右拳。（图3-37）

3. 随即，我方两手合力向左下方拧扳其右臂，折伤其肘。（图3-38）

❯ 图3-37

❯ 图3-38

十四

倒打金钟

【用法分解】

1. 敌方从我方身后用两手抓住我方两肩，意欲将我方扳倒。（图3-39）

2. 我方速向右转体，右脚进步，两腿下蹲成马步；同时，右臂屈肘，以肘尖为力点向后顶击敌方心窝。（图3-40）

3. 随即，我方向左拧体，顺势用右掌拍击敌方裆部，将其制伏。（图3-41）

图3-39

图3-40

图3-41

双刀插腹

【用法分解】

1. 敌方左脚进步，两手掐住我方咽喉。（图3-42）

2. 我方两掌迅疾向前插击敌方腹部，致其剧痛，被迫松开两手。（图3-43）

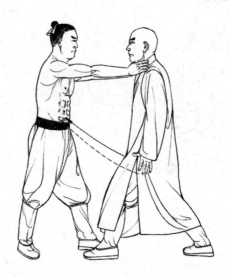

⊗ 图3-42

⊗ 图3-43

兔滚鹰翻

【用法分解】

1. 敌方左脚进步，两手掐住我方咽喉。（图3-44）

2. 我方两手迅疾抓握敌方两腕，身体向后仰坐，右腿屈膝抬起，用右脚底猛蹬其小腹，将敌方从我头顶上方猛摔过去。（图3-45）

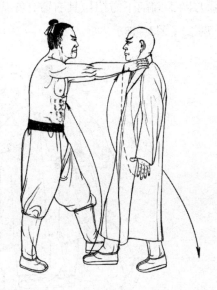

《 图3-44

》 图3-45

十七

白猿扛竿

【用法分解】

1. 敌方右手前伸，突然抓住我方右腕。（图3-46）

2. 我方两手迅速反抓其右手上翻，使敌方肘尖向下；同时，左脚进步，向右转体，稍微下蹲，左肩扛住敌方右臂。（图3-47）

3. 随即，我方两手向前下方扭拉其右臂，左肩向上抵顶，担折敌方右肘。（图3-48）

❱ 图3-46

❱ 图3-47

❰ 图3-48

倒踢鼎炉

【用法分解】

1. 敌方抢步上前，用右手抓握我方右腕，左手托抓我方左前臂，欲向后拧。（图3-49）

2. 我方迅疾向左转体，背对敌方；同时，右腿屈膝提起。（图3-50）

⚡ 图3-49

⚡ 图3-50

3. 随即，我方右脚向后踹踢敌方腹部，致其跌倒。
（图3-51）

◀图3-51

袖里乾坤

【用法分解】

1. 我方右掌推击敌方，被敌方两手抓擒卷压。（图3-52）

◈图3-52

2. 我方右臂顺势屈肘，左手迅疾由下向上猛力挑挂其两腕，右手向下抽拉，解脱敌方抓拿。（图3-53）

3. 随即，我方两脚滑步，左手向上挑架敌方两臂，右掌插击敌方软肋，将其制伏。（图3-54）

⊗ 图3-53

⊗ 图3-54

大龙摆尾

【用法分解】

1. 我方左脚进步，右脚撩踢敌方裆部。敌方两手接抓我方右脚踝。（图3-55）

2. 我方速向左转体倾身，右腿屈膝回收。（图3-56）

⊼ 图3-55

《 图3-56

3. 随即，我方右脚乘势向后猛踹敌方裆部。（图3-57）

4. 连踢不停，我方两手迅疾撑地，两臂挺直，右腿屈膝回收；同时，左腿抬起，向后猛蹬其面部。（图3-58）

⚔ 图3-57

⚔ 图3-58

巨蟒缠枝

【用法分解】

1. 敌方左脚进步，右拳勾击我方下巴。我方略仰面避其右拳。（图3-59）

2. 我方迅疾用两手抱住敌方右拳，合力向右拧转其腕，迫使敌方前臂内旋。（图3-60）

图3-59

图3-60

3. 随即，我方左脚上步拦敌方裆下，左臂由上向下挟住敌方右臂下压，两手握住敌方右拳上抬右旋，将敌方右臂反折。（图3-61）

>> 图3-61

回身撞鼎

【用法分解】

1. 敌方从我方身后赶来，右手抓住我方背部衣服，欲施擒拿。（图3-62）

二十二

<< 图3-62

2. 我方迅疾向左转体，左臂屈肘由下向左、向外、向上缠住敌方右肘上提，迫使敌方右臂挺肘难动。（图3-63）

3. 随即，我方右手前伸压其右肩；同时，右腿乘势提膝，顶撞敌方裆部，将其制伏。（图3-64）

⚠ 图3-63

⚠ 图3-64

金丝大缠

【用法分解】

1. 敌方左手向下反抓我方右腕。（图3-65）

2. 我方迅疾用左手紧扣敌方左手，两手同时往自己腹侧拉拽。乘势右臂屈肘，右前臂下压敌方左肘，左手上提敌方左手，既能解脱其手抓握，又可使其左肘重创。（图3-66）

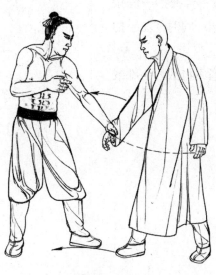

☆ 图3-65

☆ 图3-66

洗袖翻捶

【用法分解】

1. 敌方右手向下抓握我方右腕。（图3-67）

二十四

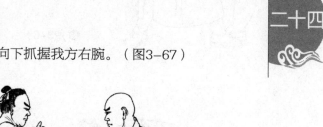

☆ 图3-67

2. 我方右臂猛然屈肘，以腕力向敌方右手拇指一侧猛挣，陡然上举至自己左肩上，挣脱敌手抓握；同时，左手拍压敌方右前臂。（图3-68）

3. 随即，我方右拳向前翻出，以反背捶击打敌方面部或耳门，将其制伏。（图3-69）

◀ 图3-68

▶ 图3-69

渔翁摇橹

【用法分解】

1. 敌方左脚进步，右手抓住我方左肩。（图3-70）

2. 我方两脚后滑，腰向右微拧，左手握其右上臂上托，右手抓其右手背。（图3-71）

《 图3-70

》 图3-71

3. 随即，我方右手向里扳拧敌方右腕，左手推压其右上臂，致其伤折而前仆。（图3-72）

≪ 图3-72

怀抱婴儿

二十六

【用法分解】

1. 敌方右脚进步，右手抓揪我方胸前衣服上提。（图3-73）

» 图3-73

2. 我方右手扣住敌方右手，体微右转将其右臂拉直；同时，左臂屈肘，用上臂由上向下挟压敌方右前臂。（图3-74）

3. 随即，我方向下缩身，左上臂向敌方右前臂加力下压；同时，右手向上拧扳其右手，使其腕剧痛而受擒。（图3-75）

图3-74

图3-75

二十七

倒肘撞钟

【用法分解】

1. 敌方猛然从我方身后用黄龙缠腰法将我方拦腰抱住。（图3-76）

2. 我方迅速下蹲；同时，两臂屈肘合力，猛然向外撑绷，震开敌手。（图3-77）

3. 随即，我方向右转体，右臂屈肘，用肘尖顶撞敌方心窝，重创敌方而解脱。（图3-78）

⚠ 图3-76

⚠ 图3-77

« 图3-78

缠腕拧臂

二十八

【用法分解】

1. 敌方左脚进步，猛出左手抓住我方右肩。（图3-79）

2. 我方迅疾用左手扣住敌方左腕，右手抓托其左肘。（图3-80）

3. 随即，我方两手合力向左下方拧转其左臂，致使敌方俯身前仆，被我方擒制。（图3-81）

图3-79

图3-80

图3-81

卧龙截腿

【用法分解】

1. 敌方左脚进步，两掌上下扑抓我方胸部。我方见敌势猛，迅疾向左卧地避过。（图3-82）

2. 敌方右脚进步，欲施擒拿。我方左脚尖内勾锁住敌方右脚跟；同时，右腿迅速屈膝。（图3-83）

❯ 图3-82

❮ 图3-83

3. 随即，我方左脚向里扫挂，右脚猛踹敌方右膝，挫伤敌方关节。（图3-84）

» 图3-84

烈马脱缰

【用法分解】

1. 敌方右脚抢步上前，伸出两手，抓揪我方胸前衣服。（图3-85）

三十

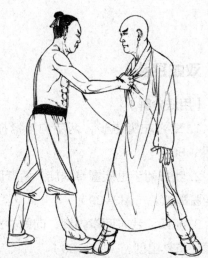

« 图3-85

2. 我方左手经其两前臂上方，抓其左手小指侧向左扳拧；同时，右手抓推其左肘。（图3-86）

3. 随即，我方猛然向左转体，两手合力扭压敌方左臂，将敌方向左压翻而解脱。（图3-87）

❰图3-86

❰图3-87

三十一

双蛇昂头

【用法分解】

1. 敌方左脚进步，两手向下抢抓我方两腕。（图3-88）

2. 我方两手迅疾握拳内旋，两臂屈肘上提，猛力挣脱敌抓。（图3-89）

3. 随即，我方两拳内旋，向前冲击敌方面部或咽喉，将其重创。（图3-90）

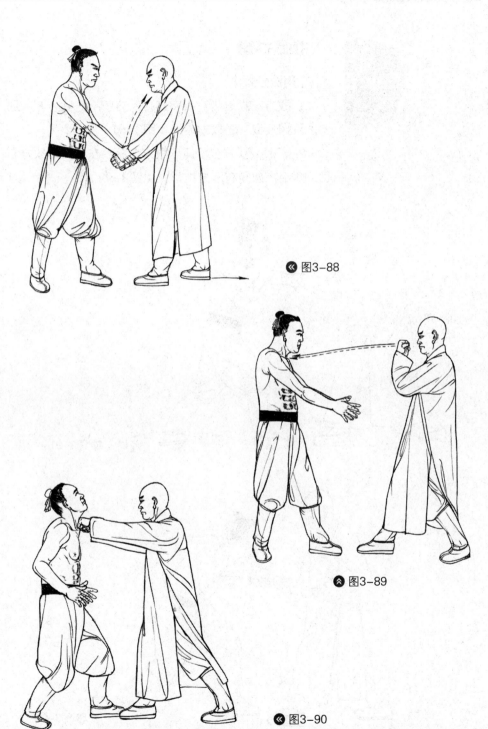

《 图3-88

《 图3-89

《 图3-90

锁跟推窗

【用法分解】

1. 敌方左脚进步，右拳击打我方胸部。我方左脚退步，吞胸吸腹，避敌力道。（图3-91）

2. 随即，我方右手抓压敌方右腕，左手托拿敌方右肘，两手合力向右下方拉带。（图3-92）

《 图3-91

《 图3-92

3. 敌方向后挣脱欲逃。我方顺势速进左步，两掌向前推击敌方胸部，猛然发力，将其放出。（图3-93）

>> 图3-93

倒背金人

【用法分解】

1.敌方左脚进步，两手向下抓住我方两腕。（图3-94）

《 图3-94

2. 我方两手迅疾由下向上翻扭反抓（右手抓其右前臂，左手抓其左手），致其两臂交叉，右上左下。（图3-95）

3. 随即，我方将敌方左臂掖在其右腋下方，右脚向前扣步，向左转体，下蹲成马步，将其右臂扛于我方右肩之上。（图3-96）

《 图3-95

《 图3-96

4. 动作不停，我方两手紧抓敌方右前臂，猛向前拉，肩部上顶，合力将敌方过我头顶而向前摔出。（图3-97）

» 图3-97

扑面破膛

三十四

【用法分解】

1. 敌方左脚进步，右手向下抓住我方右腕。（图3-98）

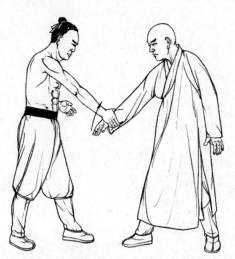

« 图3-98

2. 我方迅疾以右腕为轴，从下经其右腕外侧向上缠转，以小指一侧掌棱为力点，下切敌方右腕，即可解脱。（图3-99）

3. 随即，我方右手向下寸劲扒拉其右臂；同时，左脚进步，左掌切击敌方咽喉。（图3-100）

4. 动作不停，我方迅疾冲出右拳，崩打敌方腹部，将其重创。（图3-101）

⊗ 图3-99　　　　　　　　　　　　　⊗ 图3-100

⊗ 图3-101

回身摆耳

【用法分解】

1. 敌方从我方身后抢步上前，用两手扣抱我方腰部，欲施摔法。（图3-102）

2. 我方猛然仰头，用脑后碰击敌方面部（鼻子）。（图3-103）

3. 随即，我方猛然向后拧腰转体，右肘后转，从右向左摆击敌方耳门，将其重创而解脱其抱腰。（图3-104）

◈ 图3-102

◈ 图3-103

◈ 图3-104

拧头伤颈

【用法分解】

1. 敌方扑身而上，用两臂抱住我方两肋，意欲摔我。（图3-105）

2. 我方左脚迅速向左迈开一步，左手按住敌方头部右侧，右手按住敌方头部左侧。（图3-106）

3. 随即，我方两手合力以逆时针方向拧转敌方头部，立可重创其颈而解脱其抱肋。（图3-107）

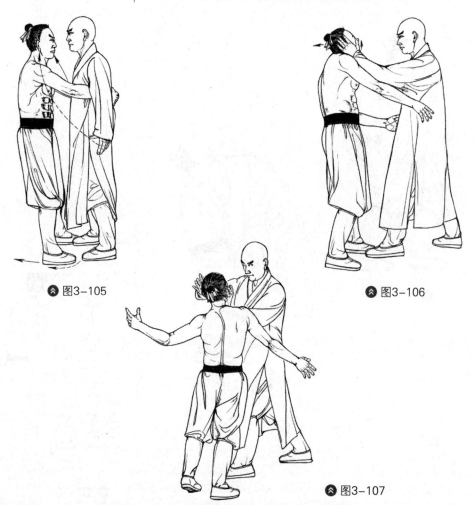

❯ 图3-105

❯ 图3-106

❯ 图3-107

绞肘顶心

【用法分解】

1. 我方左脚进步，右拳勾击敌方面部。敌方用左手抓住我方右拳，右手托住我方右肘尖，两手合力绞拧我方右肘。（图3-108）

2. 我方右脚进步，体稍下蹲，然后左转，头顺势由自己右臂下方钻出。（图3-109）

《 图3-108

》 图3-109

3. 随即，我方迅疾以左肘尖向后顶击敌方心窝，致其疼痛难忍。（图3-110）

◀ 图3-110

村姑扳笋

【用法分解】

1. 敌方右脚进步，右掌穿击我方腹部。我方迅疾向右偏身避过敌手，左手向右下方抓敌方右腕，顺势向右下方牵引。（图3-111）

▶ 图3-111

2. 随即，我方右手也抓住敌方右掌，体向左转；同时，我方右脚进步锁住其右腿，两手拇指按住其右掌，扳拧其右腕。（图3-112）

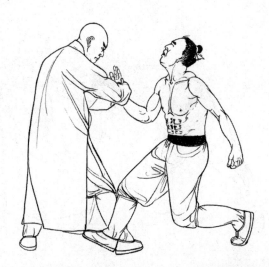

>> 图3-112

牵牛加鞭

三十九

【用法分解】

1. 敌方两手抓住我方右腕，欲用小缠丝拿我。（图3-113）

《 图3-113

2. 我方速以左手抓其左腕，向左猛力拉搜；同时，右手也猛力向右抽拉，脱出后迅疾砍击敌方后颈，将其重创，使其仆地。（图3-114）

» 图3-114

金鸡抖翎

四十

【用法分解】

1. 敌我互抓，同侧两臂相交。（图3-115）

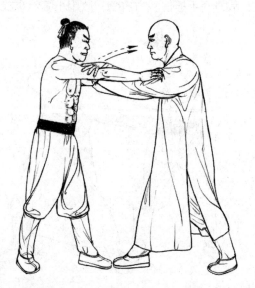

» 图3-115

2. 我方猛然松手屈肘，用两前臂向上、向外挑绷敌方两臂，使敌手松脱。（图3-116）

3. 随即，我方右脚乘势提起，向前蹬踢敌方裆部，致其重创。（图3-117）

图3-116

图3-117

仙人坐桥

【用法分解】

1. 敌方两手抓握我方右臂，向后拧转。（图3-118）

2. 我方顺势低头弯腰，左手从裆下抄起敌方两脚踝，向上提拉；同时，臀部猛力下坐其两腿，折伤其两膝。（图3-119）

图3-118

图3-119

四十二

伯乐驯马

【用法分解】

1. 敌方两手抓住我方左臂，扛在其左肩上，欲施背摔。（图3-120）

2. 我方右手迅疾抓住敌方头发，向后猛拉；同时，提起右膝顶撞敌方腰部，致其受创而松手。（图3-121）

图3-120

图3-121

第四章
达摩南派解脱手
（16手）

解脱手，旧称"脱手法"，就是遇敌擒拿之时，急速化劲，解脱敌招，不让其得手；或用打法，发劲迫其松手。随即顺势以擒拿反制，或乘机以打法还击，反客为主。

解脱手是擒拿系统中不可或缺的一部分，本章即介绍几招达摩南派解脱手，供读者参研。

《达摩派拳诀》载：脱手法，是国术很重要的法子。譬如遇到敌人的时候，把我的手握住，当时若用此法，即刻解脱，虽敌人气力强健，亦不能坚持拉住。而且这个法子，很巧妙，既可脱身，又可伤人，一举两得，岂不妙乎。

近代著名的达摩南派武术家，是浙江汤显与其子汤吉人。他们武功深厚，且有著述，留下很多宝贵的武学资料，如《达摩派拳诀》《达摩拳教范》《达摩派大洪拳》《达摩派小洪拳》《武术精华》《枪刀镖术》《拳剑速成》等，值得我们仔细研究，勤加练习，发扬光大。

摆肘

【用法分解】

1. 敌方左脚在前，两手抓控我方右腕或右前臂。（图4-1）

2. 我方右脚稍上一步，右手乘势握拳；左手前伸，从上握住自己右拳。（图4-2）

❰ 图4-1

❰ 图4-2

3. 我方两手同时屈臂向左后方猛然拉拽，右肘顺势向前、向里摆击敌方心窝，既可解脱，也可伤敌。（图4-3）

» 图4-3

压肘

【用法分解】

1. 敌方左脚在前，左手（拇指在下，其余四指在上）抓握我方右腕。（图4-4）

« 图4-4

2. 我方左手从上将敌方左腕握住。（图4-5）

3. 我方两脚顺势滑步，两手合力向左抓缠旋拧，右肘抵住其左臂用力压落，即可解脱。（图4-6）

❰ 图4-5

❰ 图4-6

捣肘

【用法分解】

1. 敌方左脚在前，右手（拇指在上，其余四指在下）抓握我方右腕或前臂。（图4-7）

2. 我方左脚跨进一步；同时，用左肘向前捣出，伤其右肋。（图4-8）

《 图4-7

《 图4-8

四

别手

【用法分解】

1. 敌方左脚在前，右手（拇指在外）向下抓握我方右腕。（图4-9）

2. 我方右掌挺腕，抵住其右腕；同时，左手从上压住其右腕。（图4-10）

《 图4-9

《 图4-10

3. 我方两手别住其右腕，同时抖劲下摁，使我右腕解脱。（图4-11）

» 图4-11

搓手

【用法分解】

1. 敌方右脚在前，右手（拇指在上）握住我方左腕。（图4-12）

« 图4-12

2. 我方右手推搓敌方拇指；同时，左掌顺势向里、向下抖劲一收，左腕随即滑出。（图4-13）

◁ 图4-13

拽手

【用法分解】

1. 敌方右脚在前，右手（拇指在上）握住我方右腕。（图4-14）

▷ 图4-14

2. 我方右手握拳，左手抓住自己右拳，合力向右、向后猛然扳拽，即可使右腕滑出。（图4-15）

▶ 图4-15

拗手

【用法分解】

1. 敌方右脚在前，右手（拇指在上）握住我方左腕。（图4-16）

七

◀ 图4-16

2. 我方即用右掌从上按住自己左前臂，左手用力向上拗转，两手同时一拉，即可解脱。（图4-17）

◀ 图4-17

托手

【用法分解】

1. 敌方左脚在前，左手抓拽我方胸前衣服。（图4-18）

» 图4-18

2. 我方左手抓握其左腕或手指，右掌猛托其右肘，指尖可同时锁扣其左肘穴位或臂筋，致其疼痛难忍。（图4-19）

❮ 图4-19

顶肘

【用法分解】

1. 敌方右脚在前，两手抓住我方右腕。（图4-20）

九

❮ 图4-20

2. 我方右脚前滑一步，右手乘势握拳；左手前伸，握住自己右拳，两手同时向左后屈臂拉收。（图4-21）

3. 我方右脚再进一步，右肘顺势前顶敌方左肋，即可解脱。（图4-22）

⊗ 图4-21

⊗ 图4-22

抵肘

【用法分解】

1. 敌方右脚在前，右手（拇指在上）握住我方左腕。（图4-23）

2. 我方左脚前滑，右手乘势按住或抓住敌方右腕或拇指，左手屈臂后收。（图4-24）

3. 我方左前臂抵住敌方拇指或右肘，用力向下一压，即可解脱。（图4-25）

☆ 图4-23

☆ 图4-24

《 图4-25

送肘

【用法分解】

1. 敌方右脚在前，右手（拇指在上）向左握住我方左腕。（图4-26）

2. 我方左脚上步，左手握拳，右手乘机握住自己左拳，向胸部拉拢。（图4-27）

3. 我方左肘顺势猛然前送，伤敌肋骨。（图4-28）

❖ 图4-26

❖ 图4-27

《图4-28

按手

【用法分解】

1. 敌方右脚在前，右手（拇指在上）握住我方右腕。（图4-29）

2. 我方右脚略退步，左手乘势按住或抓住敌方右前臂。（图4-30）

《图4-29

《图4-30

3. 我方右掌向上一提、向里一拉，左手猛力向下一压，即可解脱。（图4-31）

《 图4-31

叉手

【用法分解】

1. 敌方右脚在前，右手（拇指在外）握住我方左腕。（图4-32）

》 图4-32

2. 我方左脚略进步，右手虎口叉住敌方右腕。（图4-33）

3. 我方左手向右一削，右手抵住敌方手腕，用力向下一压，我方左腕即可滑出。（图4-34）

⊗ 图4-33

⊗ 图4-34

扭手

【用法分解】

1. 敌方右脚在前，右手（拇指在上）握住我方右腕。（图4-35）

2. 我方右手握拳，左手从上向下抓握自己右拳。（图4-36）

《 图4-35

《 图4-36

3. 我方两手同时向左、向上一个扭劲，右腕即可解脱。（图4-37）

» 图4-37

扒手

【用法分解】

1. 敌方右手虎口向前叉住我方右手拇指，欲行伤害。（图4-38）

十五

« 图4-38

2. 我方左手急忙按住敌方拇指，不得让其发力。（图4-39）

3. 我方两手合力向下一扒，右手即可解脱。（图4-40）

▲ 图4-39

▲ 图4-40

十六

搭手

【用法分解】

1. 敌方右手虎口向下叉住我方右手拇指，欲行伤害。（图4-41）

2. 我方左手赶紧搭住自己右腕助力，两手合力，以二抗一，敌方很难得手。（图4-42）

3. 动作不停，我方用力向下一拉，右手即可解脱。（图4-43）

⊗ 图4-41

⊗ 图4-42

⊗ 图4-43